El Caracol Con Súper Velocidad: Cuentos Bilingües Inglés-Español

My Pommeline

Published by My Pommeline, 2024.

While every precaution has been taken in the preparation of this book, the publisher assumes no responsibility for errors or omissions, or for damages resulting from the use of the information contained herein.

EL CARACOL CON SÚPER VELOCIDAD: CUENTOS BILINGÜES INGLÉS-ESPAÑOL

First edition. October 28, 2024.

Written by My Pommeline.

Table of Contents

The Boy Who Turned Into a Balloon

———

Ben was a boy who couldn't resist the urge to try something new, even if it looked a bit odd. He had a nose for adventure, and wherever trouble lingered, Ben wasn't far behind. One sunny afternoon, while exploring the edge of his neighborhood, he came across an old lady selling peculiar fruits from a small wooden cart. They weren't apples or oranges, or anything Ben had seen before. Each fruit was round, shiny, and almost glowed in the sunlight.

"Want to try one, dear?" croaked the old lady, her voice thin as a whisper.

Ben eyed the fruits suspiciously but nodded. His curiosity had gotten the better of him once again. The woman handed him a plump, purple fruit, shaped like a balloon.

"What is it?" Ben asked, twirling the fruit in his hand.

"Oh, just a little something special," the woman winked. "Take a bite, and you'll see."

Without a second thought, Ben took a huge bite. The fruit was juicy and sweet, but as soon as he swallowed, he felt a strange bubbling sensation in his stomach. It was like he was being filled up with fizzy soda. His cheeks puffed up, and his body began to feel lighter.

"Uh, I think there's something wrong," Ben said, his voice now squeaky and high-pitched.

Before he could do anything else, his feet left the ground. He was floating!

"Help!" he squealed, rising higher and higher into the air.

Back on the ground, Lily, Ben's best friend, had been watching from behind a bush. Lily was the sensible one. She always warned Ben to be careful, but Ben never listened. As soon as she saw him begin to float away like a big, round balloon, she jumped into action.

"Ben, hang on! I'm coming!" Lily shouted, running after him as fast as she could.

But Ben was rising higher and higher. His arms flailed in panic, his legs dangled beneath him, and he was already far above the rooftops.

"Lily! Do something!" he called, his voice even more high-pitched now.

"I'm thinking, I'm thinking!" she shouted back, trying to come up with a plan.

By now, Ben was drifting dangerously close to a flock of seagulls. The birds squawked at him, clearly unimpressed with this strange boy-bubble floating in their space. One particularly grumpy seagull swooped in and pecked at Ben's head.

"Ouch! Hey, stop it!" Ben yelled, waving his arms at the birds. The seagulls, however, thought it was a game and began circling him like he was some sort of inflatable snack.

Down below, Lily's sharp eyes spotted a long rope coiled by the edge of a construction site. Quick as a flash, she grabbed the rope, tied a knot, and launched it upwards with all her strength. Miraculously, the loop caught around Ben's ankle.

"Gotcha!" Lily shouted, tugging on the rope to pull him down.

But as soon as she tugged, Ben floated higher, like a kite on a string.

"I'm not coming down, Lily!" Ben wailed, the bubbling sensation inside him growing stronger. He felt like he was about to burst!

Lily looked up at him with determination. "We need to think! What did you do just before you started floating?"

"I ate that weird fruit! The one from the old lady!" Ben answered, wobbling in the air.

Lily's eyes narrowed. She sprinted back to where the old lady had been with her cart. But when she got there, the woman and her cart had disappeared. The only thing left was a small piece of paper fluttering in the breeze. Lily snatched it up and read:

"One bite to rise, two bites to soar, but fear not, little one, there's always more! One more bite will bring you down, before the sky makes you a clown."

Lily stared at the note, then up at Ben, who was now drifting perilously close to a tall tree.

"You need to take another bite of the fruit, Ben!" she shouted. "That's how you'll come down!"

"But I can't reach it! It's floating too!" Ben cried, pointing at the half-eaten fruit that had slipped from his hand and was now bobbing just out of reach, drifting like a second balloon.

Lily didn't hesitate. She quickly tied the end of the rope to a nearby bench and began to climb the tree. She scrambled up the branches with surprising speed, her eyes locked on the floating fruit. Just as the wind caught it, blowing it farther away, Lily leapt from the tree branch, catching the fruit in midair.

"Lily, you're amazing!" Ben gasped as she dangled from the tree, holding the fruit.

"Hang tight, I'm sending it up!" Lily tied the fruit to the rope and carefully tossed it up toward Ben. He managed to grab it, his fingers shaking.

"One more bite," Lily called up. "Do it!"

Ben gulped, took a deep breath, and bit into the fruit again. Almost immediately, he felt the bubbling sensation stop. Slowly, he began to sink, the air hissing out of him like a deflating balloon. Lily untied the rope and caught him as he floated gently to the ground, his feet finally touching solid earth.

Ben wobbled slightly, dizzy from his wild adventure. "That was close," he muttered, looking up at the sky.

Lily grinned, her arms crossed. "Maybe next time you'll think twice before eating strange fruits from old ladies."

Ben rubbed his head and nodded sheepishly. "Yeah, lesson learned. But... it was kind of fun, right?"

Lily raised an eyebrow but smiled. "Maybe a little. But next time, let's stick to ice cream."

The two friends laughed, walking off toward the park, where the world felt a little more normal again—until Ben spotted a bush filled with glowing berries.

Lily grabbed his arm. "Don't even think about it, Ben."

And this time, Ben listened.

"¡Ay! ¡Oye, para!" gritó Ben, agitando los brazos hacia los pájaros. Sin embargo, las gaviotas pensaron que era un juego y comenzaron a girar a su alrededor como si fuera un bocadillo inflable.

Abajo, los ojos agudos de Lily vieron una larga cuerda enrollada junto al borde de un sitio de construcción. Rápido como un rayo, ella agarró la cuerda, hizo un nudo y la lanzó hacia arriba con todas sus fuerzas. Milagrosamente, el lazo se enganchó alrededor del tobillo de Ben.

"¡Te tengo!" gritó Lily, tirando de la cuerda para hacerlo bajar.

Pero tan pronto como tiró, Ben flotó más alto, como una cometa en un hilo.

"¡No voy a bajar, Lily!" gimió Ben, la sensación burbujeante dentro de él creciendo más fuerte. ¡Sentía que estaba a punto de estallar!

Lily lo miró con determinación. "¡Necesitamos pensar! ¿Qué hiciste justo antes de comenzar a flotar?"

"¡Comí esa fruta extraña! ¡La de la anciana!" respondió Ben, balanceándose en el aire.

Los ojos de Lily se entrecerraron. Ella corrió de regreso a donde la anciana había estado con su carrito. Pero cuando llegó, la mujer y su carrito habían desaparecido. Lo único que quedaba era un pequeño trozo de papel que ondeaba en la brisa. Lily lo agarró y leyó:

"Un mordisco para elevarse, dos mordiscos para volar, pero no temas, pequeño, ¡siempre hay más! Un mordisco más te hará bajar, antes de que el cielo te convierta en payaso."

Lily miró la nota, luego hacia arriba a Ben, que ahora estaba flotando peligrosamente cerca de un árbol alto.

"¡Tienes que tomar otro mordisco de la fruta, Ben!" gritó. "¡Así es como bajarás!"

"¡Pero no puedo alcanzarla! ¡También está flotando!" lloró Ben, señalando la fruta a medio comer que se le había resbalado de la mano y ahora estaba flotando fuera de alcance, moviéndose como un segundo globo.

Lily no dudó. Rápidamente ató el extremo de la cuerda a un banco cercano y comenzó a trepar al árbol. Subió por las ramas con sorprendente velocidad, sus ojos fijos en la fruta flotante. Justo cuando el viento la atrapó, alejándola más, Lily saltó de la rama del árbol, atrapando la fruta en el aire.

"¡Lily, eres increíble!" jadeó Ben mientras ella colgaba del árbol, sosteniendo la fruta.

"¡Aguanta, te la mando!" Lily ató la fruta a la cuerda y la lanzó cuidadosamente hacia Ben. Él logró agarrarla, sus dedos temblando.

"Un mordisco más," gritó Lily. "¡Hazlo!"

Ben tragó saliva, respiró hondo y mordió la fruta de nuevo. Casi de inmediato, sintió que la sensación burbujeante se detenía. Poco a poco, comenzó a hundirse, el aire saliendo de él como un globo desinflándose. Lily desató la cuerda y lo atrapó mientras flotaba suavemente hacia el suelo, sus pies finalmente tocando la tierra firme.

Ben se tambaleó un poco, mareado por su loca aventura. "Eso estuvo cerca," murmuró, mirando al cielo.

Lily sonrió, con los brazos cruzados. "Quizás la próxima vez pienses dos veces antes de comer frutas extrañas de ancianas."

Ben se frotó la cabeza y asintió tímidamente. "Sí, lección aprendida. Pero... fue un poco divertido, ¿no?"

Lily levantó una ceja pero sonrió. "Tal vez un poco. Pero la próxima vez, apelemos a los helados."

Los dos amigos se rieron, caminando hacia el parque, donde el mundo se sentía un poco más normal de nuevo—hasta que Ben vio un arbusto lleno de bayas brillantes.

Lily le agarró el brazo. "Ni se te ocurra, Ben."

Y esta vez, Ben escuchó.

Molly's Mighty Adventure

Molly wasn't just small. She was tiny. The tiniest girl in the whole of Winterbottom Primary School. So tiny that when the teachers handed out textbooks, they usually handed hers to the boy sitting next to her, thinking it was his. Molly didn't mind, though. She was used to being overlooked. It gave her more time to dream.

Molly had the biggest imagination in the class. She dreamed of being a brave explorer, traveling through jungles, riding wild lions, and discovering ancient treasures. In her mind, she wasn't small at all. She was mighty.

But the rest of her class didn't see it that way. To them, Molly was just Molly—small, quiet, and hardly noticeable.

That all changed the day the monster arrived.

It was a gloomy Tuesday afternoon when it happened. Winterbottom Primary was buzzing with excitement because of the school's annual Fancy Dress Talent Show. All the students were in costumes, practicing their talents. Molly was dressed as a lion tamer, complete with a tiny red hat and a whip made from a shoelace. Her act? Imaginary lion tricks, of course.

Suddenly, there was a terrible rumble. The ground beneath their feet shook, and a strange noise echoed through the school. It sounded like a deep, guttural growl.

"Did you hear that?" Molly asked, looking around.

"It's probably just the wind," said Freddy, the biggest boy in class, though he didn't sound very sure.

But then it happened again. Louder this time. A growl, followed by what sounded like something scratching the walls. The students looked at each other nervously.

"I think it's coming from the basement," said Emily, the head teacher's daughter, with wide eyes.

The school basement was a place of legend. No one ever went down there—except for Mr. Grumble, the janitor, who always looked a little grumpier whenever he came back up. The basement was rumored to be filled with broken furniture, lost footballs, and spiders the size of dinner plates.

Now, it seemed, something far worse was living down there.

"Maybe it's a monster," one of the younger kids whispered.

"Nonsense," Freddy said, puffing out his chest. "There's no such thing as monsters. But just in case, I'll go check it out." He swaggered toward the door that led to the basement stairs, the rest of the class trailing behind him.

Freddy stopped at the door and looked back. "Who's coming with me?"

Not a single hand went up. The whole class shuffled nervously, inching away from the door. Freddy's confidence wavered, but he wasn't about to back down. "Fine," he said. "I'll go alone."

He reached for the doorknob, but before he could open it, the growling sound rumbled through the school again, followed by a loud BANG.

Freddy jumped back, eyes wide. "Uh, maybe we should call Mr. Grumble."

Molly, who had been quietly observing from the back, knew this was her chance. She wasn't afraid. In all her daydreams, she had faced far worse than mysterious growls. It was time to show everyone just how brave she really was.

"I'll go," she said softly, stepping forward.

Freddy blinked at her. "You? You can't go! You're... you're... you're too small!"

Molly raised her chin. "Size doesn't matter. Bravery does."

The class stared at her in disbelief, but before anyone could protest, Molly opened the door and disappeared down the stairs.

The basement was dark and smelled like old socks. Molly could hear the sound of dripping water and something else—something moving in the shadows. She crept down the stairs, her heart pounding in her chest, but her mind racing with excitement. This was her moment. Her mighty adventure.

As she reached the bottom, she saw a dim light flickering ahead. The growling sound was louder now, and so was the scratching. But Molly didn't turn back. She took a deep breath and tiptoed forward.

At the end of the corridor, she found an old door, half-open. The growling was coming from inside.

Molly pushed the door open slowly, and there it was—a huge, hairy, terrifying beast, with glowing red eyes and razor-sharp claws.

Molly froze.

The monster growled again, but as Molly looked closer, she realized something strange. The "monster" wasn't moving. It was... stuck?

"Wait a minute," Molly muttered to herself, edging closer.

And then she saw it. The "monster" was nothing more than an old coat hanging from the ceiling! The wind from a cracked window was blowing the coat around, making it scratch against the walls, and the growling sound? It was just the rusty old radiator making strange noises.

Molly couldn't help but giggle. There was no monster—just a coat and a creaky radiator. She had been brave for nothing!

But wait! As she stepped forward to investigate the radiator, she heard a small whimpering sound from behind a stack of old chairs. Molly's heart leapt into her throat. She moved cautiously toward the sound and peeked around the chairs.

There, huddled in a corner, was a tiny, shivering puppy. It looked up at Molly with big, scared eyes.

"Oh, you poor thing," Molly whispered, crouching down. "You're the one making all the noise, aren't you?"

The puppy's tail wagged weakly. It had clearly been stuck down in the basement for days, frightened and alone. Molly scooped the little dog into her arms, and the puppy nuzzled against her, grateful to be rescued.

When Molly returned upstairs, the entire class was waiting anxiously by the door. Freddy, Emily, and the others gasped when they saw her—still small, but holding the tiny puppy.

"There's no monster," Molly announced. "Just this little guy. And a noisy radiator."

The class erupted into cheers, and even Freddy looked impressed. "You really did it, Molly! You were brave enough to face the 'monster'!"

Molly grinned. "I told you, size doesn't matter. Bravery does."

The head teacher was so impressed with Molly's quick thinking and courage that she let her keep the puppy. Molly named him Mighty, after her mighty adventure in the basement.

From that day on, no one ever overlooked Molly again. They knew that even though she was small, she was braver and mightier than anyone they had ever met.

La Gran Aventura de Molly

Molly no era solo pequeña. Era diminuta. La niña más pequeña de toda la escuela primaria Winterbottom. Tan pequeña que cuando los profesores repartían libros de texto, usualmente le entregaban el de ella al niño que estaba sentado a su lado, pensando que era suyo. Sin embargo, a Molly no le importaba. Estaba acostumbrada a ser pasada por alto. Eso le daba más tiempo para soñar.

Molly tenía la mayor imaginación de la clase. Soñaba con ser una valiente exploradora, viajando por junglas, montando leones salvajes y descubriendo tesoros antiguos. En su mente, no era pequeña en absoluto. Era poderosa.

Pero el resto de su clase no lo veía así. Para ellos, Molly era solo Molly—pequeña, callada y apenas notable.

Todo eso cambió el día en que llegó el monstruo.

Era una sombría tarde de martes cuando sucedió. La escuela Winterbottom estaba llena de emoción por el Espectáculo de Talentos de Disfraces anual. Todos los estudiantes estaban disfrazados, practicando sus talentos. Molly estaba vestida de domadora de leones, completa con un pequeño sombrero rojo y un látigo hecho de un cordón de zapato. ¿Su acto? Trucos de león imaginarios, por supuesto.

De repente, hubo un terrible estruendo. El suelo bajo sus pies tembló, y un extraño ruido resonó en la escuela. Sonaba como un profundo y gutural gruñido.

"¿Escuchaste eso?" preguntó Molly, mirando a su alrededor.

"Probablemente solo sea el viento," dijo Freddy, el niño más grande de la clase, aunque no sonaba muy seguro.

Pero luego sucedió de nuevo. Más fuerte esta vez. Un gruñido, seguido de lo que sonaba como algo raspando las paredes. Los estudiantes se miraron nerviosos.

"Creo que viene del sótano," dijo Emily, la hija de la directora, con los ojos muy abiertos.

El sótano de la escuela era un lugar legendario. Nadie bajaba allí—excepto el Sr. Gruñón, el conserje, que siempre parecía un poco más gruñón cada vez que regresaba. Se rumoraba que el sótano estaba lleno de muebles rotos, pelotas de fútbol perdidas y arañas del tamaño de platos de cena.

Ahora, parecía que algo mucho peor estaba viviendo allí abajo.

"Tal vez sea un monstruo," susurró uno de los niños más pequeños.

"¡Tonterías!" dijo Freddy, inflando su pecho. "No existen los monstruos. Pero por si acaso, iré a comprobarlo." Se dirigió con paso firme hacia la puerta que conducía a las escaleras del sótano, con el resto de la clase siguiéndolo.

Freddy se detuvo en la puerta y miró hacia atrás. "¿Quién viene conmigo?"

Ninguna mano se levantó. Toda la clase se movió nerviosamente, alejándose de la puerta. La confianza de Freddy titubeó, pero no estaba dispuesto a retroceder. "Está bien," dijo. "Iré solo."

Extendió la mano hacia el picaporte, pero antes de que pudiera abrirla, el sonido de un gruñido retumbó por la escuela de nuevo, seguido de un fuerte BANG.

Freddy retrocedió, con los ojos muy abiertos. "Uh, tal vez deberíamos llamar al Sr. Gruñón."

Molly, que había estado observando en silencio desde el fondo, sabía que esta era su oportunidad. No tenía miedo. En todos sus sueños despiertos, había enfrentado cosas mucho peores que misteriosos gruñidos. Era hora de mostrarle a todos cuán valiente era realmente.

"Yo iré," dijo suavemente, dando un paso adelante.

Freddy parpadeó al verla. "¿Tú? ¡No puedes ir! Eres... eres... ¡demasiado pequeña!"

Molly levantó la cabeza. "El tamaño no importa. Lo que importa es la valentía."

La clase la miró incrédula, pero antes de que alguien pudiera protestar, Molly abrió la puerta y desapareció escaleras abajo.

El sótano estaba oscuro y olía a calcetines viejos. Molly podía oír el sonido del agua goteando y algo más—algo moviéndose en las sombras. Se deslizó por las escaleras, con el corazón latiendo en el pecho, pero su mente acelerada por la emoción. Este era su momento. Su gran aventura.

Al llegar al fondo, vio una tenue luz parpadeando adelante. El sonido de los gruñidos era más fuerte ahora, al igual que el raspado. Pero Molly no se dio la vuelta. Respiró hondo y avanzó de puntillas.

Al final del pasillo, encontró una puerta vieja, entreabierta. El gruñido venía de dentro.

Molly empujó la puerta lentamente y allí estaba—una enorme bestia peluda y aterradora, con ojos rojos brillantes y garras afiladas como cuchillas.

Molly se congeló.

El monstruo gruñó de nuevo, pero mientras Molly miraba más de cerca, se dio cuenta de algo extraño. El "monstruo" no se movía. ¿Estaba... atrapado?

"Espera un momento," murmuró Molly para sí misma, acercándose.

Y luego lo vio. El "monstruo" no era más que un viejo abrigo colgado del techo. El viento de una ventana agrietada movía el abrigo, haciéndolo raspar contra las paredes, y el sonido de gruñido? Era solo el viejo radiador oxidado haciendo ruidos extraños.

Molly no pudo evitar reírse. No había monstruo—solo un abrigo y un radiador chirriante. ¡Había sido valiente por nada!

¡Pero espera! Mientras se acercaba para investigar el radiador, oyó un pequeño gemido detrás de una pila de sillas viejas. El corazón de Molly se le subió a la garganta. Se movió con cautela hacia el sonido y asomó la cabeza alrededor de las sillas.

Allí, acurrucado en una esquina, había un pequeño cachorro tembloroso. Miraba a Molly con grandes ojos asustados.

"Oh, pobrecito," susurró Molly, agachándose. "Eres tú quien hace todo este ruido, ¿verdad?"

La cola del cachorro movió débilmente. Claramente había estado atrapado en el sótano durante días, asustado y solo. Molly recogió al perrito en sus brazos, y el cachorro se acurrucó contra ella, agradecido por ser rescatado.

Cuando Molly regresó arriba, toda la clase la esperaba ansiosamente junto a la puerta. Freddy, Emily y los demás se quedaron boquiabiertos al verla—sigue siendo pequeña, pero sosteniendo al pequeño cachorro.

"No hay monstruo," anunció Molly. "Solo este pequeño. Y un radiador ruidoso."

La clase estalló en vítores, e incluso Freddy se veía impresionado. "¡Realmente lo hiciste, Molly! ¡Tuviste el valor suficiente para enfrentar al 'monstruo'!"

Molly sonrió. "Te lo dije, el tamaño no importa. Lo que importa es la valentía."

La directora estaba tan impresionada con el ingenio y la valentía de Molly que le permitió quedarse con el cachorro. Molly lo llamó *Mighty* (Poderoso), en honor a su gran aventura en el sótano.

Desde ese día, nadie volvió a pasar por alto a Molly. Sabían que, aunque era pequeña, era más valiente y poderosa que cualquier persona que hubieran conocido.

The Girl Who Painted Stars

Stella wasn't like the other children. She didn't care much for games or noisy play. She preferred the quiet and the calm, where she could think and dream. Most of all, Stella loved to paint. Her room was filled with bright swirls of color on every wall, each one telling a different story. Her brush seemed to have a life of its own, as if it knew exactly where it was going, even when Stella wasn't sure herself.

But there was one thing Stella dreamed of painting more than anything else: the stars.

Each night, she would sit by her window and gaze up at the sky, watching as the stars twinkled and shimmered, like little sparks of magic scattered across the heavens. They were so far away, and yet they felt so close, as if they were whispering secrets only she could hear.

"If only I could reach them," Stella sighed to herself one night. "I would paint the most beautiful stars the world has ever seen."

Her dog, Luna, sat beside her, wagging her tail softly. Luna was a small, scruffy dog with fur the color of moonlight. She was always by Stella's side, and although she couldn't speak, Stella liked to imagine that Luna understood everything she said.

Luna tilted her head and nudged Stella's hand, as if to say, Why don't you?

Stella smiled. "Because, Luna, I can't reach the stars. They're too far away."

But Luna's eyes sparkled with mischief. She hopped onto the window seat, staring up at the sky with such intensity that Stella couldn't help but laugh.

"Do you think there's a way, Luna?" she asked, leaning her head against her little dog. "Do you think I can paint the stars?"

That night, as Stella drifted off to sleep, she dreamed of the stars. In her dream, she was no longer a quiet girl who painted in her room, but an adventurer, soaring through the sky. Luna was there too, bounding alongside her, as if they were weightless, floating among the stars. They darted past constellations and weaved through galaxies, the stars twinkling like soft melodies all around them.

In the dream, Stella held a paintbrush in her hand, and as she moved it through the air, the stars followed. Each stroke of her brush brought new constellations to life—stars brighter and more beautiful than she had ever seen.

When she awoke the next morning, the dream stayed with her, lingering in her heart like the afterglow of a shooting star. She couldn't shake the feeling that somehow, in some way, she was meant to paint the stars. But how?

Days turned into weeks, and Stella's longing to paint the sky grew stronger. Each night, she sat by the window with Luna, gazing at the stars, her paintbrush resting in her lap. But still, the stars seemed too far away, beyond her reach.

One evening, as the sky turned a deep indigo and the first star of the night appeared, Stella sighed again. "Maybe it's silly, Luna. Maybe I'm just not meant to paint the stars."

Luna, sensing her sadness, gently nudged her again. Then, with a sudden burst of energy, she ran to the door, barking excitedly.

"What is it, Luna?" Stella asked, following her curious dog outside.

Luna darted ahead, leading Stella to the meadow behind their house. The night air was cool, and the sky above them was clear, the stars shining brighter than ever. Stella looked up, her heart swelling with wonder. It was as if the stars were calling her, urging her to do something.

Luna barked again and started pawing at the ground. Stella knelt down beside her, and to her surprise, she found something hidden beneath the grass: a box, old and worn, with strange markings carved into the wood.

With trembling fingers, Stella opened the box. Inside was a small, shimmering jar of paint—its color unlike anything she had ever seen. It glowed softly in the moonlight, like liquid stardust. And beside it, wrapped in a delicate cloth, was a paintbrush, its bristles shining with a silver sheen.

Stella's heart raced. "Is this... for me?"

Luna wagged her tail, her eyes sparkling with encouragement.

Without hesitating, Stella dipped the brush into the jar of glowing paint and held it up to the sky. She hesitated for a moment, unsure of what to do next, but then she remembered her dream. She didn't need to reach the stars—she needed to believe.

With a deep breath, Stella raised the brush and made the first stroke in the air. To her astonishment, the paint hung in the sky, shimmering and swirling as if the very night was her canvas. She moved the brush again, and more stars appeared, each one sparkling with life. Luna danced around her, barking with joy.

Stella laughed, her heart filled with wonder and excitement. She painted and painted, her brush moving like it had a mind of its own, creating constellations and patterns that glowed brighter than any she had ever seen. She didn't need to reach the stars—she was painting them herself, right here on Earth.

For hours, Stella painted the night sky, filling it with new stars and shapes that danced across the heavens. When she finally stepped back, she couldn't believe her eyes. The sky was more beautiful than she had ever imagined, each star shimmering with the love and creativity she had poured into it.

But as she gazed up at her masterpiece, Stella realized something. The beauty wasn't just in the stars she had painted—it was in the act of painting itself. It was in the way her heart had guided her, in the way Luna had believed in her when she doubted herself.

The stars had always been beautiful, but now they were hers. They were a reflection of her spirit, her dreams, and her imagination.

That night, as Stella and Luna walked back to the house, the sky glowing with her new constellations, she smiled to herself. She had learned something important—that beauty doesn't come from above or far away. It comes from within. It comes from the way you see the world, the way you choose to paint it, and the love you put into every stroke.

And though she had painted the stars, Stella knew that the real magic had always been inside her.

La Niña que Pintó Estrellas

―――

Stella no era como los otros niños. No le importaban mucho los juegos ni el ruido. Prefería la tranquilidad y la calma, donde podía pensar y soñar. Más que nada, a Stella le encantaba pintar. Su habitación estaba llena de remolinos de color brillante en cada pared, cada uno contando una historia diferente. Su pincel parecía tener vida propia, como si supiera exactamente hacia dónde iba, incluso cuando Stella no estaba segura.

Pero había una cosa que Stella soñaba con pintar más que cualquier otra: las estrellas.

Cada noche, se sentaba junto a su ventana y miraba al cielo, observando cómo las estrellas centelleaban y brillaban, como pequeñas chispas de magia esparcidas por los cielos. Estaban tan lejos, y sin embargo se sentían tan cerca, como si susurraran secretos que solo ella podía escuchar.

"Si tan solo pudiera alcanzarlas", suspiró Stella una noche. "Pintaría las estrellas más hermosas que el mundo haya visto jamás."

Su perro, Luna, se sentó a su lado, moviendo suavemente su cola. Luna era una perra pequeña y desaliñada, con el pelaje del color de la luz de la luna. Siempre estaba al lado de Stella, y aunque no podía hablar, a Stella le gustaba imaginar que Luna entendía todo lo que decía.

Luna inclinó la cabeza y empujó la mano de Stella, como si dijera, ¿Por qué no lo intentas?

Stella sonrió. "Porque, Luna, no puedo alcanzar las estrellas. Están demasiado lejos."

Pero los ojos de Luna brillaban con picardía. Saltó al asiento de la ventana, mirando al cielo con tal intensidad que Stella no pudo evitar reír.

"¿Crees que hay una manera, Luna?" preguntó, apoyando su cabeza contra su pequeña perra. "¿Crees que puedo pintar las estrellas?"

Esa noche, mientras Stella se quedaba dormida, soñó con las estrellas. En su sueño, ya no era una niña tranquila que pintaba en su habitación, sino una aventurera, surcando el cielo. Luna estaba allí también, brincando a su lado, como si estuvieran ingrávidas, flotando entre las estrellas. Pasaban volando junto a constelaciones y se entrelazaban entre galaxias, las estrellas centelleando como suaves melodías a su alrededor.

En el sueño, Stella sostenía un pincel en la mano, y al moverlo por el aire, las estrellas la seguían. Cada trazo de su pincel daba vida a nuevas constelaciones—estrellas más brillantes y hermosas que nunca había visto.

Cuando despertó a la mañana siguiente, el sueño permaneció con ella, resonando en su corazón como el resplandor de una estrella fugaz. No podía sacudirse la sensación de que de alguna manera, en algún sentido, estaba destinada a pintar las estrellas. Pero, ¿cómo?

Los días se convirtieron en semanas, y el anhelo de Stella por pintar el cielo creció más fuerte. Cada noche, se sentaba junto a la ventana con Luna, contemplando las estrellas, su pincel descansando en su regazo. Pero aún así, las estrellas parecían demasiado lejos, más allá de su alcance.

Una tarde, mientras el cielo se tornaba de un profundo índigo y aparecía la primera estrella de la noche, Stella suspiró nuevamente. "Quizás es una tontería, Luna. Quizás no estoy destinada a pintar las estrellas."

Luna, sintiendo su tristeza, la empujó suavemente otra vez. Luego, con un repentino estallido de energía, corrió hacia la puerta, ladrando emocionadamente.

"¿Qué pasa, Luna?" preguntó Stella, siguiendo a su curiosa perra afuera.

Luna se adelantó, llevando a Stella al prado detrás de su casa. El aire nocturno estaba fresco y el cielo sobre ellas estaba despejado, las estrellas brillando más que nunca. Stella miró hacia arriba, su corazón hinchándose de asombro. Era como si las estrellas la llamaran, instándola a hacer algo.

Luna ladró nuevamente y comenzó a cavar en el suelo. Stella se arrodilló a su lado, y para su sorpresa, encontró algo escondido debajo de la hierba: una caja, vieja y desgastada, con extraños símbolos grabados en la madera.

Con dedos temblorosos, Stella abrió la caja. Dentro había un pequeño tarro de pintura resplandeciente—su color era diferente a cualquier cosa que hubiera visto. Brillaba suavemente a la luz de la luna, como polvo de estrellas líquido. Y al lado, envuelto en un delicado paño, había un pincel, cuyas cerdas brillaban con un brillo plateado.

El corazón de Stella latía rápido. "¿Es esto... para mí?"

Luna movió su cola, sus ojos brillando con aliento.

Sin dudarlo, Stella sumergió el pincel en el tarro de pintura resplandeciente y lo levantó hacia el cielo. Dudo por un momento, sin saber qué hacer a continuación, pero luego recordó su sueño. No necesitaba alcanzar las estrellas; necesitaba creer.

Con una profunda respiración, Stella levantó el pincel y hizo la primera pincelada en el aire. Para su asombro, la pintura se quedó suspendida en el cielo, brillando y girando como si la misma noche fuera su lienzo. Movió el pincel de nuevo, y más estrellas aparecieron, cada una centelleando con vida. Luna danzaba a su alrededor, ladrando de alegría.

Stella rió, su corazón lleno de asombro y emoción. Pintaba y pintaba, su pincel moviéndose como si tuviera vida propia, creando constelaciones y patrones que brillaban más que cualquiera que hubiera visto antes. No necesitaba alcanzar las estrellas; las estaba pintando ella misma, justo aquí en la Tierra.

Durante horas, Stella pintó el cielo nocturno, llenándolo con nuevas estrellas y formas que danzaban por los cielos. Cuando finalmente se dio un paso atrás, no podía creer lo que veía. El cielo era más hermoso de lo que había imaginado, cada estrella brillando con el amor y la creatividad que había vertido en él.

Pero mientras miraba su obra maestra, Stella se dio cuenta de algo. La belleza no estaba solo en las estrellas que había pintado—estaba en el acto de pintar en sí mismo. Estaba en la manera en que su corazón la había guiado, en la manera en que Luna había creído en ella cuando ella dudaba.

Las estrellas siempre habían sido hermosas, pero ahora eran suyas. Eran un reflejo de su espíritu, sus sueños y su imaginación.

Esa noche, mientras Stella y Luna regresaban a casa, el cielo brillando con sus nuevas constelaciones, sonrió para sí misma. Había aprendido algo importante: que la belleza no proviene de arriba o de lejos. Proviene de dentro. Proviene de la forma en que ves el mundo, de la forma en que eliges pintarlo y del amor que pones en cada trazo.

Y aunque había pintado las estrellas, Stella sabía que la verdadera magia siempre había estado dentro de ella.

The Snail with Super Speed

In a quiet corner of a lush, green garden, there lived a tiny snail named Sally. Now, like most snails, Sally was slow. Very slow. In fact, she was known as the slowest creature in the entire garden. While the other insects buzzed, scurried, and hopped from leaf to leaf, Sally trailed behind at a snail's pace, leaving her shimmering silver trail on the ground.

"Come on, Sally!" the ants would say, marching past in neat rows. "You're always so slow!"

Even the butterflies, who fluttered gently on the breeze, teased her kindly as they drifted above. "Why don't you just fly like us, Sally? It's much faster!"

Sally didn't mind too much, though. She enjoyed the world as she passed through it—slowly. She loved the way the leaves rustled in the breeze, how the flowers gently swayed in the sunlight, and how everything had its place in the garden. But sometimes, she wished she could be just a little bit faster.

One sunny afternoon, Sally was crawling along a shady path when she noticed something shiny sticking out from behind a rock. Curious, she slowly made her way over to investigate. It took her quite a while, but eventually, she reached the object. It was a beautiful, glittering shell, much like her own but far more dazzling. It shimmered in the light, glowing with a strange, magical energy.

As Sally admired the shell, a soft voice floated on the breeze. "Whoever finds this shell shall be blessed with a gift—speed beyond imagination."

Sally blinked in surprise. "Speed?" she asked aloud. "Like the ants and butterflies?"

The voice whispered again, "Even faster than that."

Excited by the idea, Sally gently touched the magical shell with her feelers. Suddenly, a warm sensation filled her tiny snail body, and before she could blink, something incredible happened—her entire body zipped forward, faster than she had ever moved in her life!

"Whoa!" Sally gasped as she sped across the path like a bolt of lightning. She zipped past blades of grass, darted around rocks, and even zoomed past a line of astonished ants, who stared at her with their jaws wide open.

"What... was that?" one ant exclaimed.

"Was that... Sally?" another whispered in disbelief.

Sally couldn't believe it. She had super speed! She looked around in awe at how far she had traveled in mere seconds. It would have taken her an entire day to crawl that far before. Now, she was faster than anything in the garden!

But before she could celebrate her new gift, she suddenly heard a loud voice booming from nearby. "Attention, all insects of the garden! The Great Garden Race is about to begin! All contestants, please make your way to the starting line!"

Sally blinked in surprise. The Great Garden Race? She had heard of it before, but never dreamed of joining. It was a race for the fastest insects in the garden—beetles, grasshoppers, butterflies, and even the zooming dragonflies. Snails like her were definitely not invited.

But with her new super speed, Sally found herself curious. Could she, a tiny snail, actually win?

Before she knew it, Sally found herself at the starting line, surrounded by the fastest creatures in the garden. The beetles stretched their legs, the grasshoppers practiced their hops, and the dragonflies buzzed in place, their wings a blur of motion.

"Uh, what are you doing here, Sally?" asked a speedy ant, his antennae twitching in confusion.

"I... I'm here to race," Sally replied, trying to sound confident. Inside, her little snail heart was pounding. Was she really doing this?

"Ha!" laughed a grasshopper. "A snail in the race? You'll be left behind in no time!"

But Sally knew something they didn't. She had her secret super speed. She just needed to figure out how to control it.

The starting horn blew, and in an instant, the race was on! All the insects shot forward, zooming down the garden path. Sally hesitated for a split second, unsure of how to activate her new speed.

"Come on, Sally, you can do this," she whispered to herself. Taking a deep breath, she concentrated, and suddenly—ZIP!—she shot forward like a rocket.

"Whoa!" Sally exclaimed as she zoomed past the grasshopper, then the ants, then the dragonflies. The world around her became a blur as she whizzed by leaves and rocks, her tiny snail body racing faster than she had ever imagined.

In no time at all, Sally was in the lead! She was faster than the fastest insects in the garden. But as she sped ahead, something strange started happening. Sally realized she didn't know how to stop.

"Uh-oh," she muttered, her speed increasing with every second. She zoomed past the finish line, not slowing down at all. She zipped through the garden, past the flowers and shrubs, until she was out of sight.

Far beyond the racecourse, Sally finally managed to skid to a halt. She sat there, breathing heavily, her tiny heart racing. She had won the race! But more importantly, she had learned how fast she could go. As she sat there, catching her breath, Sally realized something: having super speed was amazing, but it wasn't what made her special.

She thought about how much she had loved exploring the garden slowly, noticing all the little details—the way the sunlight filtered through the leaves, the soft buzzing of bees nearby, the smell of the flowers. She hadn't needed speed for any of that. She had been happy being herself, slow and steady.

With a smile, Sally slowly made her way back to the garden. This time, she took her time, savoring every moment.

When Sally returned, the insects were still buzzing with excitement.

"Sally, you won the race!" the beetle cried, buzzing over to her.

"I guess I did," Sally said, smiling.

"But... how?" the grasshopper asked, hopping up and down. "You were so fast!"

Sally chuckled. "Let's just say I had a little help from some magic."

The insects stared at her in awe, but Sally didn't mind their looks. She knew now that it didn't matter how fast or slow she went. What mattered was being true to herself and enjoying the journey, no matter how long it took.

And so, Sally went back to her peaceful life in the garden. Sometimes she used her super speed when she needed it, but most of the time, she was perfectly happy being slow and steady, just as she always had been.

Because Sally the snail knew that being fast wasn't the most important thing—it was about enjoying the world, in her own special way.

El Caracol con Súper Velocidad

En un rincón tranquilo de un jardín exuberante y verde, vivía un pequeño caracol llamado Sally. Ahora, como la mayoría de los caracoles, Sally era lenta. Muy lenta. De hecho, era conocida como la criatura más lenta de todo el jardín. Mientras los otros insectos zumbaban, corrían y saltaban de hoja en hoja, Sally se quedaba atrás a paso de caracol, dejando su brillante rastro plateado en el suelo.

"¡Vamos, Sally!" decían las hormigas, marchando en filas ordenadas. "¡Siempre eres tan lenta!"

Incluso las mariposas, que revoloteaban suavemente en la brisa, la burlaban amablemente mientras flotaban por encima. "¿Por qué no vuelas como nosotras, Sally? ¡Es mucho más rápido!"

A Sally no le importaba demasiado, sin embargo. Disfrutaba del mundo mientras pasaba a través de él—lentamente. Le encantaba el sonido de las hojas al susurrar en la brisa, cómo las flores se movían suavemente bajo la luz del sol y cómo todo tenía su lugar en el jardín. Pero a veces, deseaba poder ser solo un poco más rápida.

Una soleada tarde, Sally se deslizaba por un sendero sombreado cuando notó algo brillante sobresaliendo de detrás de una roca. Curiosa, se acercó lentamente para investigar. Le tomó un buen tiempo, pero al final llegó al objeto. Era una hermosa concha brillante, muy parecida a la suya pero mucho más deslumbrante.

Brillaba a la luz, resplandeciendo con una extraña energía mágica.

Mientras Sally admiraba la concha, una suave voz flotó en la brisa. "Quien encuentre esta concha será bendecido con un regalo—velocidad más allá de la imaginación."

Sally parpadeó sorprendida. "¿Velocidad?" preguntó en voz alta. "¿Como las hormigas y las mariposas?"

La voz susurró de nuevo: "Incluso más rápida que eso."

Emocionada por la idea, Sally tocó suavemente la concha mágica con sus tentáculos. De repente, una cálida sensación llenó su pequeño cuerpo de caracol y antes de que pudiera parpadear, algo increíble sucedió—su cuerpo entero se disparó hacia adelante, ¡más rápido de lo que jamás había movido en su vida!

"¡Guau!" exclamó Sally mientras se precipitaba por el sendero como un rayo. Pasó a toda velocidad junto a las hojas de hierba, giró alrededor de las rocas e incluso se deslizó junto a una fila de hormigas atónitas, que la miraban con la boca abierta.

"¿Qué... fue eso?" exclamó una hormiga.

"¿Fue... Sally?" susurró otra con incredulidad.

Sally no podía creerlo. ¡Tenía súper velocidad! Miró a su alrededor asombrada por lo lejos que había viajado en meros segundos. Le habría tomado un día entero deslizarse tan lejos antes. ¡Ahora era más rápida que cualquier cosa en el jardín!

Pero antes de que pudiera celebrar su nuevo regalo, de repente oyó una voz fuerte resonando cerca. "¡Atención, todos los insectos del jardín! ¡La Gran Carrera del Jardín está a punto de comenzar! ¡Todos los concursantes, diríjanse a la línea de salida!"

Sally parpadeó sorprendida. ¿La Gran Carrera del Jardín? Había oído hablar de ella antes, pero nunca había soñado con participar. Era una carrera para los insectos más rápidos del jardín—escarabajos, saltamontes, mariposas e incluso libélulas veloces. Los caracoles como ella definitivamente no estaban invitados.

Pero con su nueva súper velocidad, Sally se sintió curiosa. ¿Podía ella, un pequeño caracol, realmente ganar?

Antes de que se diera cuenta, Sally se encontró en la línea de salida, rodeada de las criaturas más rápidas del jardín. Los escarabajos estiraban sus patas, los saltamontes practicaban sus saltos y las libélulas zumbaban en su lugar, sus alas un borrón de movimiento.

"Eh, ¿qué haces aquí, Sally?" preguntó una hormiga veloz, sus antenas temblando de confusión.

"Yo... estoy aquí para correr," respondió Sally, tratando de sonar segura. Por dentro, su pequeño corazón de caracol latía con fuerza. ¿Realmente estaba haciendo esto?

"¡Ja!" se rió un saltamontes. "¿Un caracol en la carrera? ¡Te quedaras atrás en un abrir y cerrar de ojos!"

Pero Sally sabía algo que ellos no. Tenía su velocidad secreta. Solo necesitaba averiguar cómo controlarla.

El silbato de salida sonó, ¡y en un instante, la carrera comenzó! Todos los insectos se lanzaron hacia adelante, acelerando por el sendero del jardín. Sally dudó por un segundo, insegura de cómo activar su nueva velocidad.

"Vamos, Sally, tú puedes hacerlo," se susurró. Respirando hondo, se concentró, y de repente—¡ZAP!—se disparó hacia adelante como un cohete.

"¡Guau!" exclamó Sally mientras pasaba rápidamente al saltamontes, luego a las hormigas, luego a las libélulas. El mundo a su alrededor se convirtió en un borrón mientras se precipitaba entre hojas y rocas, su pequeño cuerpo de caracol corriendo más rápido de lo que jamás había imaginado.

¡En poco tiempo, Sally estaba en cabeza! Era más rápida que los insectos más veloces del jardín. Pero a medida que avanzaba, algo extraño comenzó a suceder. Sally se dio cuenta de que no sabía cómo detenerse.

"Uh-oh," murmuró, su velocidad aumentando con cada segundo. Pasó volando la línea de meta, sin disminuir la velocidad en absoluto. Se deslizó por el jardín, pasando por las flores y arbustos, hasta que desapareció de la vista.

Lejos de la pista de la carrera, Sally finalmente logró detenerse en seco. Se sentó allí, respirando pesadamente, su pequeño corazón latiendo con fuerza. ¡Había ganado la carrera! Pero, más importante aún, había aprendido cuán rápido podía ir. Mientras se sentaba allí, recuperando el aliento, Sally se dio cuenta de algo: tener súper velocidad era asombroso, pero no era lo que la hacía especial.

Pensó en cuánto había amado explorar el jardín lentamente, notando todos los pequeños detalles—la forma en que la luz del sol se filtraba a través de las hojas, el suave zumbido de las abejas cercanas, el olor de las flores. No había necesitado velocidad para nada de eso. Había sido feliz siendo ella misma, lenta y constante.

Con una sonrisa, Sally se dirigió lentamente de regreso al jardín. Esta vez, se tomó su tiempo, saboreando cada momento.

Cuando Sally regresó, los insectos todavía zumbaban de emoción.

"¡Sally, ganaste la carrera!" gritó el escarabajo, acercándose a ella.

"Supongo que sí," dijo Sally, sonriendo.

"¿Pero... cómo?" preguntó el saltamontes, saltando arriba y abajo. "¡Eras tan rápida!"

Sally se rió. "Digamos que tuve un poco de ayuda de la magia."

Los insectos la miraron con admiración, pero a Sally no le importaban sus miradas. Ahora sabía que no importaba cuán rápido o lento fuera. Lo que importaba era ser fiel a sí misma y disfrutar del viaje, sin importar cuánto tiempo tomara.

Y así, Sally regresó a su pacífica vida en el jardín. A veces usaba su súper velocidad cuando la necesitaba, pero la mayor parte del tiempo, era perfectamente feliz siendo lenta y constante, tal como siempre había sido.

Porque Sally, el caracol, sabía que ser rápido no era lo más importante—se trataba de disfrutar del mundo, a su manera especial.

The Chocolate River Disaster

In the small, sweet-smelling town of ChocoVille, a chocolate river flowed as freely as laughter on a sunny day. The river was the pride of the town, bubbling with rich, creamy chocolate that glistened like melted dreams. Children splashed in its warm waters, and adults filled their mugs with the finest chocolate drinks. It was a place of joy and delight, until one day, the town's mayor, Mayor Grumble, had a rather greedy idea.

Mayor Grumble was a rotund man with a loud, booming voice and a love for chocolate that rivaled the river itself. "Why should the chocolate river flow for everyone?" he grumbled to himself, licking chocolate from his fingers. "I should have it all to myself!"

And so, with a sinister grin, he concocted a plan. He ordered all the townsfolk to divert the river so it flowed directly to his mansion at the end of the street. "From now on," he declared with a flourish, "the chocolate river is mine, all mine!"

The townspeople gasped in shock, but Mayor Grumble was powerful and had the law on his side—at least, he thought he did. With a wave of his hand, he commanded the workers to build high walls on either side of the river, effectively blocking off the flow to the town.

As the sun rose the next morning, the townsfolk woke up with eager hearts, dreaming of their beloved chocolate river. But when they rushed outside, they were met with a shocking sight. Instead of the bubbling, chocolate-filled waters, they found dry banks, cracked and brown.

"Where's the chocolate river?" cried Molly, a clever girl with a heart of gold. "What happened?"

The children gathered near the riverbank, scratching their heads in confusion. "It was here yesterday!" shouted Benny, who had a knack for adventure. "We need to figure out what's going on!"

Molly stood tall, her mind racing with ideas. "We must find a way to get the river back for everyone," she said. "But how?"

The children formed a huddle, brainstorming ideas. "What if we sneak into Mayor Grumble's mansion and find out where the chocolate is going?" suggested Lucy, the fastest runner in town.

"Brilliant!" Molly exclaimed. "But we'll need a plan. Let's meet tonight at the old oak tree to put our ideas together."

That evening, as the stars twinkled like sugar sprinkles in the sky, the children gathered beneath the old oak tree. With hushed voices, they shared their ideas, each one more daring than the last. Finally, they devised a clever plan that involved costumes, stealth, and a whole lot of teamwork.

Dressed as chocolate-making elves, the children tiptoed through the shadowy streets toward Mayor Grumble's mansion, where the sweet aroma of melted chocolate wafted through the air. "Shhh! Stay quiet!" Molly whispered, leading the way.

As they reached the mansion, they noticed a large window slightly ajar, the scent of chocolate growing stronger. "This is it!" Benny whispered excitedly. With a boost from Lucy, they climbed inside the darkened kitchen.

To their astonishment, they found pots bubbling with thick chocolate, pouring into a giant vat with a sign above it that read: "Mayor Grumble's Chocolate Bonanza." The greedy mayor was planning to hold an extravagant party for himself, completely ignoring the townspeople.

"We have to stop him!" Molly exclaimed, her eyes wide with determination. "But how?"

"Look!" Lucy pointed to a set of pipes leading away from the vat. "If we can block those pipes, it will stop the flow of chocolate to his mansion!"

With a plan in place, the children quickly gathered pots, pans, and anything they could find to block the pipes. They giggled nervously, knowing they were taking a big risk, but the thought of their town without chocolate pushed them forward.

Just as they were about to seal the last pipe, Mayor Grumble's voice boomed from the hallway. "What's going on in my kitchen?" he yelled, stomping toward them. The children exchanged panicked glances and quickly ducked behind a giant mixing bowl.

"Who dares disturb my chocolate?" he grumbled, his greedy eyes scanning the room.

Suddenly, Benny, with his quick thinking, popped up and shouted, "We're just the chocolate elves! We came to make sure the chocolate river flows for everyone!"

The mayor froze, surprised. "Elves? Nonsense! There are no such things!"

"Then how do you explain the chocolate river drying up?" Molly challenged, stepping out from behind the bowl. "You took it all for yourself, Mayor Grumble! You've got to give it back to the town!"

Mayor Grumble blinked in disbelief, but as he looked around, he saw the children surrounding the vat, all dressed as chocolate-making elves. They looked determined, and for a moment, he felt a twinge of guilt. But then, greed got the better of him.

"Pfft! I'll never share! This chocolate is mine!" he bellowed, but the children remained steadfast.

"Think about the town!" Lucy pleaded. "Think about all the children who love playing by the river. You'll be all alone with your chocolate!"

The mayor hesitated, his mind racing. Alone with just his chocolate? He imagined the emptiness of his mansion, with no laughter or joy.

Suddenly, a loud gurgling sound filled the air, and the children's distraction allowed the pots to overflow, spilling chocolate everywhere! The mayor slipped and slid in the gooey mess, his eyes widening in surprise.

In the chaos, the children seized their chance. "Let's get out of here!" Molly shouted, and together they rushed back through the kitchen, narrowly escaping the chocolate flood behind them.

As they burst outside, they sprinted to the riverbank, and with one final push, they returned the chocolate flow back to its rightful place. They cheered as the chocolate river bubbled back to life, filling the banks once more.

The townspeople gathered in awe as the sweet chocolate flowed freely again. "The river is back!" they cried, joy filling the air like the sweet scent of chocolate.

As for Mayor Grumble, he learned a valuable lesson that day. With a few sticky fingers and a whole lot of chocolate, he realized that sharing was far sweeter than hoarding. He vowed to join the children in their adventures, sharing the chocolate river with the entire town.

From that day forward, ChocoVille thrived once more, with laughter, joy, and, most importantly, a flowing chocolate river that everyone could enjoy together. And as for Molly and her friends, they became the heroes of the town, forever remembered for saving the chocolate river disaster.

El Desastre del Río de Chocolate

En el pequeño y dulce pueblo de ChocoVille, un río de chocolate fluía tan libremente como la risa en un día soleado. El río era el orgullo del pueblo, burbujeando con rico y cremoso chocolate que brillaba como sueños derretidos. Los niños chapoteaban en sus aguas tibias, y los adultos llenaban sus tazas con las mejores bebidas de chocolate. Era un lugar de alegría y deleite, hasta que un día, el alcalde del pueblo, el Alcalde Gruñón, tuvo una idea bastante codiciosa.

El Alcalde Gruñón era un hombre corpulento con una voz fuerte y retumbante y un amor por el chocolate que rivalizaba con el del propio río. "¿Por qué el río de chocolate debería fluir para todos?" murmuró para sí mismo, lamiendo chocolate de sus dedos. "¡Debería tenerlo todo para mí!"

Y así, con una sonrisa siniestra, ideó un plan. Ordenó a todos los habitantes del pueblo desviar el río para que fluyera directamente hacia su mansión al final de la calle. "A partir de ahora," declaró con un gesto grandilocuente, "¡el río de chocolate es mío, solo mío!"

Los habitantes del pueblo se quedaron boquiabiertos, pero el Alcalde Gruñón era poderoso y tenía la ley de su lado —al menos, eso pensaba él. Con un movimiento de su mano, ordenó a los trabajadores construir altos muros a ambos lados del río, bloqueando efectivamente el flujo hacia el pueblo.

Cuando el sol salió la mañana siguiente, los habitantes del pueblo despertaron con corazones ansiosos, soñando con su querido río de chocolate. Pero cuando salieron apresuradamente, se encontraron con una vista impactante. En lugar de las aguas burbujeantes llenas de chocolate, encontraron orillas secas, agrietadas y marrones.

"¿Dónde está el río de chocolate?" gritó Molly, una chica ingeniosa con un corazón de oro. "¿Qué pasó?"

Los niños se reunieron cerca de la orilla, rascándose la cabeza en confusión. "¡Aquí estaba ayer!" gritó Benny, que tenía un talento especial para la aventura. "¡Tenemos que averiguar qué está pasando!"

Molly se mantuvo erguida, su mente corriendo con ideas. "Debemos encontrar la manera de recuperar el río para todos," dijo. "¿Pero cómo?"

Los niños formaron un círculo, intercambiando ideas. "¿Y si nos colamos en la mansión del Alcalde Gruñón y averiguamos adónde va el chocolate?" sugirió Lucy, la corredora más rápida del pueblo.

"¡Brillante!" exclamó Molly. "Pero necesitaremos un plan. Reunámonos esta noche en el viejo roble para juntar nuestras ideas."

Esa noche, mientras las estrellas parpadeaban como chispas de azúcar en el cielo, los niños se reunieron bajo el viejo roble. Con voces en susurros, compartieron sus ideas, cada una más atrevida que la anterior. Finalmente, idearon un plan ingenioso que involucraba disfraces, sigilo y mucho trabajo en equipo.

Vestidos como elfos chocolateros, los niños caminaron de puntillas por las calles sombrías hacia la mansión del Alcalde Gruñón, donde el dulce aroma del chocolate derretido flotaba en el aire. "¡Shhh! ¡Manténganse en silencio!" susurró Molly, liderando el camino.

Cuando llegaron a la mansión, notaron una gran ventana entreabierta, el olor a chocolate haciéndose más fuerte. "¡Este es el lugar!" susurró Benny emocionado. Con un impulso de Lucy, treparon dentro de la cocina oscura.

Para su asombro, encontraron ollas burbujeando con espeso chocolate, vertiéndose en un enorme recipiente con un cartel encima que decía: "La Bonanza de Chocolate del Alcalde Gruñón." El codicioso alcalde estaba planeando celebrar una fiesta extravagante para sí mismo, ignorando completamente a los habitantes del pueblo.

"¡Tenemos que detenerlo!" exclamó Molly, con los ojos abiertos de determinación. "¿Pero cómo?"

"¡Mira!" Lucy señaló a un conjunto de tuberías que llevaban del recipiente. "Si bloqueamos esas tuberías, ¡detendremos el flujo de chocolate hacia su mansión!"

Con un plan en marcha, los niños rápidamente recolectaron ollas, sartenes y cualquier cosa que pudieran encontrar para bloquear las tuberías. Se rieron nerviosamente, sabiendo que estaban asumiendo un gran riesgo, pero el pensamiento de su pueblo sin chocolate los impulsó hacia adelante.

Justo cuando estaban a punto de sellar la última tubería, la voz del Alcalde Gruñón resonó desde el pasillo. "¿Qué está pasando en mi cocina?" gritó, acercándose a ellos. Los niños intercambiaron miradas de pánico y rápidamente se agacharon detrás de un enorme tazón mezclador.

"¿Quién se atreve a perturbar mi chocolate?" gruñó, con los ojos codiciosos escaneando la habitación.

De repente, Benny, con su rápida inteligencia, se levantó y gritó: "¡Solo somos los elfos de chocolate! ¡Vinimos a asegurarnos de que el río de chocolate fluya para todos!"

El alcalde se congeló, sorprendido. "¿Elfos? ¡Tonterías! ¡No existen tales cosas!"

"¿Entonces cómo explicas que el río de chocolate se haya secado?" retó Molly, saliendo de detrás del tazón. "¡Lo tomaste todo para ti, Alcalde Gruñón! ¡Tienes que devolvérselo al pueblo!"

El Alcalde Gruñón parpadeó incrédulo, pero mientras miraba a su alrededor, vio a los niños rodeando el recipiente, todos vestidos como elfos chocolateros. Se veían decididos y, por un momento, sintió un remordimiento. Pero luego, la codicia lo superó.

"¡Pfft! ¡Nunca compartiré! ¡Este chocolate es mío!" bramó, pero los niños permanecieron firmes.

"¡Piensa en el pueblo!" suplicó Lucy. "¡Piensa en todos los niños que aman jugar junto al río! ¡Estarás solo con tu chocolate!"

El alcalde dudó, su mente corriendo. ¿Solo con solo su chocolate? Imaginó la vacuidad de su mansión, sin risas ni alegría.

De repente, un fuerte sonido de burbujeo llenó el aire, y la distracción de los niños permitió que las ollas desbordaran, ¡derramando chocolate por todas partes! El alcalde resbaló y se deslizó en el pegajoso desastre, sus ojos abriéndose de sorpresa.

En el caos, los niños aprovecharon su oportunidad. "¡Salgamos de aquí!" gritó Molly, y juntos corrieron de regreso a través de la cocina, escapando por poco de la inundación de chocolate detrás de ellos.

Cuando salieron a la calle, corrieron hacia la orilla del río, y con un último empujón, devolvieron el flujo de chocolate a su lugar correcto. Aplaudieron mientras el río de chocolate burbujeaba de nuevo a la vida, llenando las orillas una vez más.

Los habitantes del pueblo se reunieron asombrados mientras el dulce chocolate fluía libremente de nuevo. "¡El río ha vuelto!" gritaron, llenando el aire de alegría como el dulce aroma del chocolate.

En cuanto al Alcalde Gruñón, aprendió una valiosa lección ese día. Con unos dedos pegajosos y un montón de chocolate, se dio cuenta de que compartir era mucho más dulce que acumular. Prometió unirse a los niños en sus aventuras, compartiendo el río de chocolate con todo el pueblo.

Desde ese día, ChocoVille prosperó una vez más, con risas, alegría y, lo más importante, un río de chocolate fluyendo que todos podían disfrutar juntos. Y en cuanto a Molly y sus amigos, se convirtieron en los héroes del pueblo, recordados para siempre por salvar el desastre del río de chocolate.

Milton Keynes UK
Ingram Content Group UK Ltd.
UKHW020836051124
450766UK00013B/757

9 798227 312044